Bernhard Rippe

Sprachliche und fotografische Notizen über psychotherapeutische Themen

Bernhard Rippe

Sprachliche und fotografische Notizen über psychotherapeutische Themen

Trainerverlag

Imprint

Cover image: www.ingimage.com

Publisher:
Der Trainerverlag
is a trademark of
Dodo Books Indian Ocean Ltd., member of the OmniScriptum S.R.L Publishing group
str. A.Russo 15, of. 61, Chisinau-2068, Republic of Moldova Europe
Printed at: see last page
ISBN: 978-620-0-76998-5

Einleitung

Denken ohne Bilder ist nicht möglich. Ein Text hat seine eigene Geschichte und ein Bild auch. Werden beide Ebenen genutzt, kann häufig ein „größeres Bild" erforscht werden. Dieser Weg soll hier – nach einigen vorausgegangenen Experimenten – in vier Themenbereichen versucht werden.

1. Und immer wieder neu zu erzählen – über eine typische Geschichte der Kriegskindheit
2. Stress und Gefühle
3. Dem Schmerz eine Stimme geben
4. Über die Trauer – verschiedene Aspekte in Sprache und Bildern

Dieses bunte Netzwerk von Beziehungen bietet beim interessierten Blättern und Vertiefen vielleicht einige Anregungen für Sie, Ihre eigenen Interpretationen zu erweitern oder abzukürzen. Jeder einzelne Aufsatz kann für sich gelesen werden. Die Gemeinsamkeit liegt in dem Versuch, gängige Wege zu erweitern.

Erneut hat Dr. Olaf Rippe auch dieses Projekt kompetent begleitet. Dafür meinen herzlichen Dank.

Bremen 2021

1. Und immer wieder neu zu erzählen – über eine typische Geschichte der Kriegskindheit

Vorwort

Dieses Projekt ist scheinbar zufällig entstanden. Bewusster Ausgangspunkt war die Anfrage eines Kollegen im letzten Sommer, ob ich ihm eine alte Hörkassette geben könne, auf der vor mindestens 20 Jahren eine psychoanalytische Behandlung in Dialogform zwischen Patient und Therapeut von mir dargestellt wurde. Sofort dachte ich an meine früheren Versuche, eine typische Fallgeschichte einer Kriegskindheit zu schreiben, in der ich einige – auch atmosphärische – Besonderheiten verschiedener Behandlungen zusammengefügt hatte. Auch persönliche „Erinnerungen" waren in Hörkassetten, CDs und anderen Ausschnitten immer wieder neu interpretiert worden. Für mich schien das Thema abgeschlossen, aber durch die aktuelle Anfrage waren die früheren Projekte sofort wieder überraschend lebendig. War meine vermeintliche Zufriedenheit eine Sackgasse und ein Rückzug? War es vielmehr so, wie ich ein Zitat von Peter Handke verstanden hatte: So wie ich glaube, dich zu kennen, habe ich von dir nichts mehr zu erzählen. Oder: Wenn ich sagen kann ‚ich kenne dich', so ist an dir nichts mehr ins Bild zu setzen (Handke 2019, S. 39). Dies war nun das Startsignal für eine veränderte Erzählung.

Vor ca. 25 Jahren ging es zuerst um eine psychoanalytische Fallgeschichte, Text und Hörkassette über eine lange Behandlung zwischen P (Patient) und T (Therapeut), beide am Kriegsende und wenige Jahre danach geboren. Auf der Ebene der Fakten ist einiges verändert, manches wurde interpretiert oder besonders gewichtet, aber insgesamt war eine Art Gesamtbild entstanden, in dem auch P und T in ihrer partiellen Gemeinsamkeit gesehen werden können.

Aber warum hatte ich nicht Erfahrungen mit anderen Projekten, z. B. die Kombination von Bildern und Texten genutzt und eigentlich überhaupt nicht in Erwägung gezogen? (Eine „Ausnahme" mit begrenzter Thematik gab es 2018, siehe Literaturverzeichnis.)

Vielleicht wären dadurch Veränderungen in den Eindrücken, neue Fragen und Themen entstanden. Aber ich könnte es jetzt erneut versuchen.

1. Die alte Geschichte ist da in verschiedenen Fassungen (siehe Literaturverzeichnis).
2. Ich kann reinsehen, lesen, auch in anderen Kommentierungen und Interpretationen.
3. Zitate und Konzepte – gesucht oder zufällig gefunden – können hinzukommen.
4. Reflexhafte Fotoassoziationen, mit denen ich mich häufig beschäftige, können platziert werden.

Die Reihenfolge der Recherche (1–4) ist flexibel, der Bezugspunkt ist die vorliegende Erzählung der Lebensgeschichte. Bei Punkt 4 (Fotos) ist zu beachten, dass zum schwierig bestimmbaren Wesen der Fotografie gehört (Barthes 2019), dass viele Fotos keine Resonanz finden, ein like-Interesse hervorrufen, aber manchmal treffend und berührend wirken. Dies wird sich auch bei Ihnen einstellen können und möglicherweise zu einer Veränderung der Wahrnehmung der Sprachfassung führen. Vielleicht entstehen auch Überraschungen beim Blättern, Gefühle, die ich bei meinen Assoziationsreisen immer wieder neu erlebt habe.

Die „alte“ psychoanalytische Erzählung (von 1995 bis 1998)

In diesem Fallbeispiel wird eine psychotherapeutische Behandlung berichtet. sie geht aus von zwei Perspektiven.

1. Der Sichtweise des Patienten (P. genannt) in seiner sprachlichen Darstellung und in der Interpretation seines Therapeuten (T). P. ist – zu Beginn der Behandlung – Mitte 50, leidet an Asthma, Hautsymptomen und Bluthochdruck und hat bereits verschiedene Therapieerfahrungen hinter sich. Er ist Ingenieur von Beruf, lebt weitgehend isoliert, war früher kurze Zeit verheiratet, hat keine Kinder, einige Familienmitglieder leben weit entfernt. Er hat dem Therapiebericht zugestimmt, die doch vorgenommene Anonymisierung war ihm weniger wichtig als die Auflage, einige Ereignisse ganz auszulassen. P. wurde in einem Randgebiet einer süddeutschen Großstadt geboren, mitten hinein in einen Familienclan aus Bauern und Handwerkern, die recht eng aufeinander wohnten. P. hat drei ältere Geschwister und lebte mit seiner Familie im Haus der Eltern der Mutter. Gerade diese Wohngegend wurde zum Zeitpunkt seiner Geburt permanent bombardiert, weil deutsche Soldaten in der Nähe vermutet wurden. Einige Männer der Großfamilie waren an der Front, einer wurde vermisst, zwei waren in Russland gefallen, darunter auch der ältere Bruder von P.s Mutter. An die Kriegszeit hat P. nur eine schemenhafte Erinnerung.

2. Der Therapeut (T. genannt) ist ein Diplom-Psychologe mit psychoanalytischer Ausbildung, Anfang 50, also etwas jünger als P. Auch er ist durch die Nachkriegs-Kindheit erheblich belastet. Die Erzählung selbst ist überwiegend in der Ich-Form geschrieben, um lebendig darzustellen und Brüche zu vermeiden. Wie bereits kurz skizziert, ist P. ein zurückgezogen lebender Mann mit zeitweise erheblicher und bedrohlicher psychosomatischer Symptomatik, der die analytische Psychotherapie neben der medizinischen Versorgung prüfend und skeptisch beginnt. Seine Erwartungen und Hoffnungen sind eher bescheiden, sodass der längere geringe Therapiefortschritt keine größere Beunruhigung nach sich zieht. Neben seinen Hauptsymptomen „passiert“ P. zeitweise etwas, das er selbst nicht als sonderlich bedeutungsvoll erlebt. Es gibt in Abständen Situationen, in denen sein Gesicht plötzlich feucht wird, ihm die Tränen nur so herunterlaufen und er denkt, sein ganzes Gesicht könne sich in Wasser auflösen. Gründe und Zusammenhänge für dieses Phänomen sind spekulativ und wenig überzeugend. Auch in den Analysesitzungen tropfen einige Male die Tränen auf das Kissen.

T.: Ich empfinde die Sitzungen als zunehmend monoton. Wenn ich z. B. abends an das Therapieprogramm des nächsten Tages denke, habe ich P. vor mir. Ich weiß, wie er klingelt, ich kenne die Art seiner Begrüßung, das Zurechtrücken auf der Couch, das lange anfängliche Schweigen. Dann kommt der Bericht über seinen Arbeitstag, wieder das Schweigen, meine Versuche nach seinen Einfällen zu fragen, sein bemühtes Ergänzen weiterer Schilderungen seiner Arbeit, meine Hinweise, dass er ruhig in seinen Gedanken hin und her springen könne, seine Zurückweisung, dass es so etwas nicht gebe bei ihm, meine Anfrage, ob das immer so sei, seine Antwort z. B., in seinen Träumen wäre das wohl nicht so, aber an die würde er sich selten erinnern. Die Stimmung schwankt häufig zwischen resigniert, deprimiert, gereizt und manchmal etwas ängstlich hin und her.
Meine Beschreibung bestätigt P.: „Das ist bei mir auch sonst immer so, ich glaube, es ist auch früher immer so gewesen." Meine Erfahrungen mit der Wirksamkeit von Geduld, der Zurücknahme von drängenden Impulsen, der mehr passiven Konzentration auf eigene Affekte und Phantasien lassen mich weiter auf eine „Begegnung" hoffen. Aber die Stimmung der Resignation und zunehmend der Depressivität schreitet voran, auch die Arme und Beine werden schwerer. Und dann kommen die „komischen" Gefühle, wie ich sie auch aus den regressiven Stadien anderer Behandlungen kenne. P. dämmert sprachlos vor sich hin, ich gucke aus dem Fenster in die Natur. Komisch, das Grün ist ja heute viel blasser, Quatsch, vorhin sah es doch noch so schön aus, liegt es vielleicht am Licht, das fehlt auch noch, dass wieder so ein Tief kommt. Ach, da vorne, da sitzt ja wieder diese dicke Taube, die hat ja nicht nur Grau, sondern auch Blau im Gefieder. Nee, diese ist ganz grau, ist wohl doch eine andere, die jetzt auf ihrem Platz sitzt. Ach ja, die Taube, jemand hatte mir einen Abschnitt von Botho Strauß gezeigt, ging es da auch um eine Taube? Nein, es war irgendein anderes Tier.

> Eine strickende Mutter. Ihrer Hände Arbeit diebisch maschinell, verrückt. Der erste Ärmel eines grauen Pullovers wächst ihr aus dem Schoß. Wie die Ameise in der Fabel sorgt sie für den Winter vor. Neben ihr döst der Sohn, ein aufgedunsener Junge. Sein Alter ist unkenntlich gemacht, er ist mongoloid. Nach einer Weile beginnt er sich zu bewegen, es ruckt im Urphlegma. Eine Beobachtung macht ihm zu schaffen. Es ist die Giraffe in ihrem Gehege, und er sagt auch „Giraffe". Dazu schüttelt er den Kopf, wie es Erwachsene tun, wenn sie auf etwas Unerhörtes oder Ungehöriges reagieren; aber die Gebärde wirkt seltsam manieriert, männlich erfahren und frisch erworben zugleich. Ja, sagt die Mutter, ohne von ihrer Strickarbeit aufzublicken, das ist eine Giraffe. Nun schüttelt er heftiger den Kopf und sagt zweimal schnaubend „Giraffe …

Giraffe!“ Er müht sich nämlich mit allen Kräften etwas hervorzubringen, das weit über die blöde Identifizierung der Giraffe als Giraffe hinausreichen soll. Auf ihrem schmalen Kopf, zwischen den Ohren, hat die Giraffe eine Taube niedersitzen lassen und verscheucht sie nicht. Die Erscheinung könnte auch der Mutter ein kleines Staunen abgewinnen, sie ist mindestens ebenso apart wie die sprechenden Schnappschüsse jede Woche im „Stern“. Sie sieht aber nicht hin und sagt noch einmal: „Ja, das ist eine Giraffe, Herbert. Die Giraffe ist das höchste Tier auf Erden.“ Der Behinderte nickt. Nun sagt er nichts mehr. Fehlschlag der Begeisterung. Kurz vor dem Sinn, vor der gesprochenen Freude muss er aufgeben und sinkt zurück in die Veranlagung. Eine Taube im Schraubstock. Der Kopf ruht wieder schief und teilnahmslos auf der Banklehne (aus Botho Strauß 1977, 1996).

T.: Also keine Begegnung, im Gegenteil. Stattdessen kommt das Erschrecken. In einer der gewohnten Sitzungen bemerke ich, oder habe ich nur das Gefühl, dass mein Gesicht feucht wird, es sind keine Tränen, eher so als hätte ich aus Versehen zu viel Creme genommen, oder sie nicht richtig verrieben. Angespannt sitze ich im Sessel und denke

YOU'RE NOT LOST
YOU'RE HERE

an dieses Symptom des Patienten, die Tränen, die ich hin und wieder sehe, die zur Kenntnis genommen werden, aber eher randständig bleiben. Etwas ratlos denke ich über meine „Ansteckungsbereitschaft" nach. Ich vermute aber, ich hätte diesen Vorfall weggeschoben, wenn nicht Folgendes hinzugekommen wäre. Zwei Sitzungen, nachdem P. gegangen war, habe ich eine Krisenberatung im Sitzen und wieder kommt dieses „Tränengefühl", ohne deutlichen Zusammenhang. Obwohl meine Patientin nicht auf mich achtet – sie hat reichlich mit sich selbst zu tun – bin ich über den Tag hinaus beunruhigt. Ich versuche mir Mut zu machen, ich könnte mich doch auch positiv angesprochen fühlen, es tut sich etwas in der Therapie.
Nachdem die Grenzen zwischen P. und T. unscharf geworden sind, durch das Versinken in die gleiche Stimmungslage, gibt es jetzt eine kleine Kontur. Na also, dann fangen wir eben mit den Tränen an. Sofort kommen die Zweifel. Macht es überhaupt Sinn, über die Tränen nachzudenken, muss ich nicht eigentlich die „Ansteckungsbereitschaft" in erster Linie beachten, meine „Durchlässigkeit", die ich nur mühsam als möglicherweise produktiv bewerten kann.
Ich komme weiter ins Grübeln, suche in Aufsätzen und Büchern herum, nutze eine Kollegendiskussion mit einer diskreten Beschreibung meines Problems und fühlte mich gar nicht wohl, als ein Kollege sagt, er würde sich nur an Bücher halten, wenn er verwirrt sei. Wie könnte ein „Gleichsein" zwischen P. und mir aussehen, gibt es Zusammenhänge z. B. zwischen Tränen und Trauer? Mein Elternhaus stand hundert Meter von einem Friedhof entfernt. Jeder Trauerzug musste an unserem Haus vorbei. Meist saßen einige aus meiner Familie hinter den Gardinen, traurig waren sie nicht. Auf dem Hinweg war die Musik ganz langsam und schwer, auf dem Rückweg lebendig und lustig. Verstanden habe ich das damals nicht, ich dachte, ein Friedhof muss ein merkwürdiger Ort sein.
Als kleiner Junge machte ich dann Ausflüge zu dieser geheimnisvollen Attraktion. Viele kleine Kreuze standen da, die Stahlhelme obendrauf, mit steinernen Gesichtern schoben die Mütter den Sand hin und her. Ich kam nur langsam wieder los, von den Müttern und den Helden, Tränen habe ich dort nicht gesehen, Phantasien gab es viele, aber ein Held wollte ich vermutlich nicht werden. Wie sieht es überhaupt aus bei den Helden, mit ihren Tränen, der Vergangenheit, der Kindheit, dem Heimweh. Angefüllt mit diesen Gedanken, biete ich P. meine Einfälle an, zu meinen Kindheitserinnerungen, den Kriegshelden und zum Heimweh. P. reagiert zuerst unbewegt und ratlos. Dann sagt er spöttisch: „Glauben Sie wirklich, dass bei den vielen Bombenangriffen und den vielen Toten so ein positives Lebensgefühl wie Heimweh bei mir entstanden ist. An die ersten Jahre kann ich mich zwar nicht erinnern, die kenne ich nur vom Erzählen, aber ich bin immer ein angespanntes Angstbündel gewesen."

T.: Beschämt gestehe ich ein, dass mein Gedanke an Heimweh wohl nicht sehr sensibel ist. Auch in den folgenden Sitzungen bin ich wiederholt mit meinen Scham- und Peinlichkeitsgefühlen beschäftigt, dadurch noch verstärkt, dass mir P. die Absurdität meiner Vorstellungen noch weiter vorführen will.

P.: „Also, erinnern kann ich mich ..., na ...ich würde sagen an die ersten drei Jahre meines Lebens nicht, aber wenn ich mir so vorstelle, was alles in der Familie erzählt worden ist, z. B. über die Bombenangriffe. Die ganze Verwandtschaft rannte in den Keller, der war wohl am sichersten und trotzdem, die Dachpfannen flogen weg, die Scheiben sprangen raus, ich glaube, unser Haus ist mehr als zehnmal neu gedeckt worden. Eine Geschichte wurde immer wieder erzählt. Ich war wohl gerade ein paar Wochen alt, da kam wieder so ein Angriff und ich lag bei meiner Großmutter im Arm, im Keller. Kurz vorher hatten die Großeltern die Nachricht erhalten, dass ihr ältester Sohn gefallen war, in den Kopf geschossen. Plötzlich krachte es wohl laut, die halbe Decke

kam runter. Meine Oma hat mich in die Arme meiner Mutter geworfen. Dann kam der Schutt runter, wohl fast auf meinen Platz. Später wurde erzählt, dass die Oma mich geworfen hat, dass meine Mutter mich wenigstens im Tod haben sollte. Ja, so bin ich wohl auf die Welt gekommen, mit den Bomben und den toten Söhnen. Aber den anderen Kindern ging es auch nicht anders, jedenfalls in unserer Familie, wir haben alle erst einmal ein paar Särge inhaliert, ich glaube, der älteste der Gefallenen bei uns war 25 Jahre."

T.: Ich denke an meine Kindheitserinnerungen und versuche mir vorzustellen, wie eine Mutter sich fühlt, wenn die Nachricht kommt, dass ihr ältester Sohn erschossen wurde. Wie teilen sich überhaupt Tod und Vernichtung einem kleinen Kind mit, ganz davon abgesehen, wie es dann individuell verarbeitet wird? Ich frage P., ob er sich eigentlich genauer vorstellen könne, wie man die „Särge inhaliert", die Toten von damals verinnerlicht. Ich wisse zwar, dass er sich an die erste Zeit mit der depressiven Oma und der sehr ängstlichen Mutter nicht erinnern könne, aber vielleicht gebe es Einfälle dazu.

P. verneint, aber er dreht auf der Couch kurz den Kopf zur Seite, so als ob er mich spontan ansehen wolle. Eine Zuwendung zu mir?

T.: Impulsiv möchte ich ihn fragen, ob mein Eindruck richtig sei, dass er mich ansehen wolle, aber ich traue mich nicht, um – so sage ich mir – nicht zu aufdringlich zu sein. Wie lässt sich dieser Ablauf verstehen, zeigt sich hier eine basale Kontaktaufnahme?

P. hat einen Impuls mich anzusehen, führt ihn aber nicht aus und ich blockiere ebenfalls. Was nun? Welche Gefühle und Phantasien können eine Rolle spielen? Ich versuche die Art unserer Begrüßung genauer zu erfassen und dabei auch die besondere Bedeutung des Blickkontaktes, der ja bereits in der frühen Entwicklung des Kindes eine grundlegende Kontaktebene darstellt.

Ich frage P., ob er eine Idee, eine Phantasie, eine Beschreibung darüber finden könne, wie seine beiden Mütter sich verhalten hätten, wenn er z. B. auf dem Arm saß, er hungrig war, er gestillt wurde?

P.: „Darüber habe ich mir nie Gedanken gemacht, später hat meine Mutter immer gesagt, sie könne keine kleinen Kinder auf den Arm nehmen, aber das habe ich schon öfter mal gehört, dass Mütter sagen, dass es nicht so leicht ist, Babys zu mögen."

T.: „Wie könnte es bei Ihnen gewesen sein?"

P.: „Gemocht hat sie mich wahrscheinlich schon, ich weiß nicht, vielleicht auch nur manchmal, aber vor ihrer eigenen Mutter hat sie Angst gehabt."

T.: „Warum wohl? Gibt es Gründe, die Sie kennen?"

P.: „Sie ist am Leben geblieben, hat auch noch Kinder bekommen. Es ist ja viel über diese Überlebensschuld geschrieben worden."

T.: „Sie glauben nicht so recht daran?"

P.: „Doch schon, es war bestimmt schwer für meine Mutter, sich über mich zu freuen, wenn meine Großmutter in der Nähe war, wie soll das auch gehen, in der Zeit der Toten. Wahrscheinlich hat sie mich schnell der Großmutter in die Hand gedrückt."
T.: „Wann wurde Ihnen denn diese Stellvertreterrolle deutlich?"
P.: „Richtig bewusst gemerkt habe ich es erst mit so ungefähr 16, als die Großeltern auffallend drängten, dass ich den gleichen Beruf lernen sollte wie ihr gefallener Sohn. Vorher war alles viel undeutlicher für mich, ich dachte wohl, das ist normales Interesse, normale Liebe, aber manchmal war das schon sehr übertrieben. Nicht so sehr, dass mein zweiter Vorname der Name des Toten war, das geht ja noch, aber wenn meine Oma mit strahlenden Augen sagte: ‚Da ist ja unser P.', nur wenn ich in das Zimmer kam, da war mir schon sehr komisch. Oder wenn sie mir voller Stolz erlaubte, was meine Mutter gerade verboten hatte, irgendwie war das gut, aber ich fühlte mich nicht wohl dabei."
T.: „Wenn man an die vielen Todesfälle in der Familie denkt, dann ist es wahrscheinlich sehr schwer nachzufühlen und zu unterscheiden, wie die Einzelnen in der Familie diese Verluste verarbeitet haben."
P.: „Doch, sagen kann ich schon etwas dazu, ich habe auch mal so eine Familienrekonstruktion mitgemacht, ich habe einiges behalten, ob es mich überzeugt hat, das weiß ich nicht so genau. Meine Großmutter könnte ihren ältesten Sohn sehr geliebt haben oder sie war sehr stolz auf ihn, ich glaube zu meiner Mutter war sie sehr beherrschend und streng, die Liebe habe ich nicht gemerkt. Vielleicht war sie innerlich tot, als der Sohn gestorben ist, vielleicht auch schon früher. Jedenfalls ihren Stolz mir gegenüber habe ich immer deutlich gemerkt. Andere Gefühle spielten keine Rolle. Wenn ich mal wieder krank war, dann kam sie nie zu mir, da war eher meine Mutter zuständig. Ich glaube schon, dass ich wie eine Wiedergeburt war, kann sein, dass das Interesse in der Nachkriegszeit langsam abnahm. Vielleicht wurde meine Großmutter erst dann so depressiv."
T.: „Woran denken Sie?"
P.: „Mir kommt es so vor, dass irgendwann alle wie verschwunden waren. Real kann das gar nicht sein, die waren doch meistens da, aber nicht lebendig. Das Haus war wie leer. Die Oma tauchte mal mit verweinten Augen auf, meine Mutter war nicht da, alles eher unheimlich."
T.: „Es ist also durchaus vorstellbar, dass die Großmutter, vielleicht auch die Mutter erst in den Jahren nach dem Krieg stärker erkrankten. Nachdem die äußere Bedrohung nicht mehr da war."
P.: „So könnte es gewesen sein oder als andere Möglichkeit, dass erst dann meine Erinnerung richtig zunimmt. Aber über den Tod des Sohnes bzw. des Bruders wurde nie gesprochen, über ihn als Person schon. Aber vielleicht wurde es wirklich erst leer als der Krieg vorbei war. Aber die Männer, mein Vater und mein Großvater, waren in diesen Jahren auch nicht in

Sicht, mein Großvater erst später, mit sieben oder acht, mein Vater noch später. Vorher ist alles so vage."

T.: „Wie sind denn ihre ersten klaren Erinnerungen?"

P.: „Ich glaube, die ersten Erinnerungen kommen aus der Zeit, in der ‚alle da waren'. Wir hatten die Toilette in einem kleinen Nebengebäude, ich hatte schon immer Angst, wenn ich alleine hinmusste, wenn es dunkel wurde. Und dann ging auf einmal eine Sirene los. Ich bekam riesige Angst, das Herz klopfte bis zum Hals, so als ob die Bomben schon auf das Haus fielen. Ich glaube, das sind meine ersten Erinnerungen. Jahre später war erleichternd, wenn ich trotz der Angst phantasieren konnte. Meistens waren es irgendwelche Heldenphantasien aus dem Krieg, als tapferer Offizier, als jemand, der andere Menschen retten kann, einer der es zu hohen Ordenszeichen bringt und von den anderen bewundert wird. Das tat gut, aber auch das ging nur bis zu einer Grenze, dann wurde das Gefühl irgendwie ekelig, ich habe mich verachtet, ich glaube, dass ich dann sogar froh war, eine depressive Stimmung zu haben, nicht die Angst, die war schlimmer."

T.: „Spielen bei diesen Heldenphantasien eigentlich auch Ihre Väter, ihr Vater und ihr Großvater, eine Rolle?"

P.: „Ich glaube eher nicht. Die Väter waren ja viel weiter weg, da war die Distanz größer. Ich denke auch als Helden haben sie sich wenig geeignet, die Großmutter hatte sowieso alle im Griff. Später war wohl ganz hilfreich, wenn der Großvater mal gesagt hat, ich glaube auch der Vater, ‚Nun lasst doch mal den Jungen in Ruhe', wenn die beiden Frauen wieder so viel auf mich einredeten, als ob sie im Wettkampf stünden, wer nun eigentlich am meisten über mich zu sagen hätte."

T.: „So wie wir Ihre Entwicklung jetzt verstehen können, waren Sie auf der einen Seite der wertvolle Stellvertreter, der ‚Held', der die Lücken wieder schließen und die Depressionen mildern sollte, auf der anderen Seite sind Sie der mehrfach abgewiesene Junge. Diese Zurückweisung hat aber wohl ganz verschiedene, nur schwer überschaubare Gründe."
P.: Ich denke, mit der Geburt bin ich erst einmal weggegeben worden, an die Großmutter. Die hat mich wohl eine Zeit lang behalten oder vielleicht auch nur eine bestimmte Phase ihrer Trauer oder vielleicht auch nur so lange, bis ich sie nicht gestört habe. Aber bestimmt wollte ich lieber zu meiner Mutter. Schlafen durfte ich wohl im Bett des Großvaters, aber zu meiner Oma, da rührte sich nichts. Ein Kind denkt sicher nicht so, sie war viel zu alt, zu faltig, zu streng, eben keine auf die man groß Lust hat. Meine Mutter war mehr so ein Mädchen-Typ, blass, zart, starke Stimmungsschwankungen, meistens Migräne. Zu ihr habe ich mit fünf Jahren gesagt: ‚Du, ich bleibe immer bei Dir' und sie hat nur geantwortet: ‚Du verlässt mich doch sowieso.' Ihr bin ich nachgestiegen, um sie zu sehen und meinem Vater habe ich dann doch wohl mehr Unglück gewünscht als meinem Großvater. Andererseits war er der, der viel arbeitete, ein wichtiger und kaum entbehrlicher Mitarbeiter in einer großen Firma. Viel Interesse hatte er für Sport und Musik, ohne dass er dafür Zeit hatte. Für mich war der Sport ganz wichtig, aber immer ein inneres Hin und Her zwischen Gewinnen, Überlegenheit, Niederlage und Kränkung. ‚Großartig' war ich nur manchmal. Schon als Jugendlicher hätte ich auf meine sportlichen Leistungen stolz sein können, im Laufen, im Schwimmen und in der Fußballmannschaft. Mich wollten sie immer, ich war ein richtig Guter, nicht so gut wie in meinen Phantasien, aber ich hatte einen Haufen Urkunden und Pokale, war Auswahlspieler, andere Vereine kamen auf mich zu. Aber das Schlimmste waren die Siegerehrungen, wenn ich aufgerufen wurde, andere Leute sahen mich und klatschten. Manchmal habe ich gedacht, es sei viel besser zu verlieren. Häufig habe ich die Straßenseite gewechselt, wenn mir Bekannte aus dem Sport entgegenkamen. Bestimmt wäre ich rot geworden oder hätte angefangen zu schwitzen vor Verlegenheit. Ich konnte nicht fühlen, dass ich irgendeinen Wert hatte. Besonders schwierig wurde es dann zu Beginn des Studiums. Alles war ungewohnt und fremd: die Universität, mein Zimmer, die Stadt, ich hatte nur ganz wenige Bekannte. Dann kamen auch gleich einige Prüfungen. Irgendwie ging es schnell bergab. Einen Mitstudenten hatte ich etwas kennengelernt, er wohnte ganz in meiner Nähe. Als ich einmal bei ihm klingelte und sich nichts rührte, steigerte sich die Angst. Damit begann die nächste Angstetappe. Trotzdem ging es irgendwie weiter. Das Studium habe ich gerade geschafft, eine unbefriedigende Arbeit gefunden, die Freunde aus der Uni verloren und für ein Jahr eine Ehefrau gewonnen. Die war aber die Begleiterinnenrolle schnell über, jemand, der einigermaßen in Ordnung ist,

will ja auch mehr partnerschaftliche Beziehung und nicht eine, die so unlebendig ist."
T.: „Und dann sind sie bei einer Psychoanalyse gelandet."
P.: „Ja, zuerst mit 35 Jahren, ungefähr vier Jahre lang. Ich hätte mir gewünscht, dass eine Beziehung besser gelingen würde. Meine Freundin hat selber eine Analyse gemacht, sie hat mir viel erzählt, sie war begeistert. Manchmal hat sie mich ein bisschen gedrängt, das war auch Thema der Vorgespräche, aber eine eigene Motivation, eine Hoffnung war auch bei mir."
T.: „Wie war das Ergebnis?"
P.: „Ich weiß es nicht, merkwürdigerweise sind mir nur einige kleinere Dinge deutlich in Erinnerung geblieben."
T.: „Gibt es etwas, was heute anders ist als früher, in ihren Gefühlen und Symptomen?"

P.: „Im Rückblick und aus den gemachten Erfahrungen muss ich sagen, es ist überwiegend alles beim Alten. Die Angst und die verschiedenen Symptome sind immer wieder gekommen, die alten Wunden sind sozusagen immer wieder aufgebrochen. Aber immer hat es auch Besserung oder Veränderung gegeben, wohl auch durch das, was ich therapeutisch gemacht habe. Die Körpertherapien haben mir geholfen, bei Ihnen habe ich Halt gefunden, weil ich meine Lebensgeschichte, meine Entwicklung klarer einordnen kann."
T.: „Ist das etwas anderes als eine intellektuelle Leistung?"
P.: „Kann ich nicht sagen. Sicher kann ich über einiges besser reden, aber es ist auch eine andere Form der Existenz, ich fühle mich klarer, wenn ich mir bei einem Angstzustand erklären kann ‚siehst du, jetzt ist es genauso wie vor 14 Tagen, als du vor Peinlichkeit am liebsten verschwunden wärest.' Sagen wir so, die Symptome sind da, aber ich habe zurzeit mehr Kraft, um mit ihnen umzugehen. Dann ist noch etwas passiert, das ich nicht richtig beschreiben kann. Vielleicht erinnern Sie sich noch an unsere Diskussion über das Heimweh. Zuerst habe ich auch zu Hause oft gedacht, das ist der absolute Schwachsinn, ich denke auch heute noch manchmal so. Aber merkwürdigerweise sind mir doch einige Erinnerungen gekommen, über die Dinge, die auch schön waren. Zum Beispiel, wenn die Großfamilie auf die Felder gefahren ist und ich dabei sein durfte, auf dem Wagen oder beim gemeinsamen Frühstück. Da war ich ganz ruhig, mir war wohl. Oder – merkwürdigerweise – auch auf dem Dorffriedhof sieben Kilometer von uns entfernt. Da stand ein riesiger Baum und wenn die Zweige und Blätter sich leise bewegten, dann bin ich nahe an den Stamm gegangen, ich fühlte mich sicher und beschützt ‚unter den Fittichen'. Aber da ist auch wieder die Nähe zu den Toten. Ob das auch etwas Mütterliches und Gutes ist? Aber da werden meine Gefühle wieder unruhig und angespannt. Und dann kommen auch die Tränen. Ich könnte sofort zu diesem Friedhof fahren, die Gräber suchen und mich unter den Baum stellen. Und dann weiß ich auch genau, das wird nie mehr weggehen, manchmal denke ich, muss ja auch nicht oder lohnt sich sowieso nicht mehr in meinem Alter. Mehr kann ich eigentlich nicht sagen, an der Liebes- und Arbeitsfähigkeit hat sich nichts geändert, das ist so wie es immer war."

Kommentare in

Text und Bild

Angst

Man könnte davon ausgehen, dass bei diesem traumatischen Hintergrund nicht die Basis vorhanden war, ein gesundes Gefühl der Angst zu entwickeln. Stattdessen dominiert ein hintergründiges Bedrohtheitsgefühl, in einigen Situationen eine übermäßige Angstabwehr auch in Form von Symptomen, oder manchmal eine Angstüberflutung.

Auffallend ist die Bedeutung der „Schicksalsgemeinschaft“ und die Einschränkung des positiven Abgrenzungs- und Autonomieerlebens. Das Heimweh ist nicht bewusst, aber spielt wohl eine intensive Rolle. „Wo gehen wir denn hin? Immer nach Hause.“ (Novalis)

Ganz eigene Erfahrungen sind häufig schwierig, die emotionalen „Wegweiser" in der Familie sind sehr mit dem eigenen Leid erfüllt und beschäftigt. Ein Mehr an emotionaler Differenzierung war nicht möglich. Viele Gefühle bleiben der Körpernähe von früh an verbunden.

Die Erfahrungen von Einsamkeit und Isolation beantwortet ein Kind üblicherweise dadurch, dass es sich selbst Geschichten erzählt, die sich mit dem Thema der eigenen Größe und ihrer Verletzbarkeit beschäftigen. Sie sind das Pflaster für die Seelenwunde. Später kann aus dieser frühkindlichen Schutzfunktion eine psychische Störung entstehen.

Aus diesen Anteilen des Selbstsystems (Verletzbarkeit und Grandiosität) wird häufig auch das Interesse an einem der helfenden Berufe abgeleitet. Der „Laienhelfer“ in der Familie, der nicht erfolgreich war, versucht es in seinem späteren Beruf erneut. „Wem gilt die Rettungsfantasie?“, ist häufig eine wichtige Frage.

Auch auf der Ebene der Partnerbeziehungen spielt die besondere Nähe, die Unterstützung, der Gleichklang und die Angst vor Enttäuschungen eine große Rolle.

Der „Begleiter“ selbst kann durch verschiedene Gestaltungen und Rollen ersetzt werden. Auch so können Konflikte zeitweise umgangen oder gemildert werden.

Literatur

Barthes R (2019) Die helle Kammer. Suhrkamp, Frankfurt.

Fotos von shutterstock in der Reihenfolge: sasha freemind, eileen pan,twitter jankolario, victorien ameline, zou meng, aleksandre barsukov, cheng feng, antri taheri, christopher sardegna, ellas domsch, seth doyle, yulia vambold.

Handke P (2019) Am Felsfenster morgens. Suhrkamp, Berlin.

Rippe B (1995-1998) Eine psychoanalytische Erzählung. Hörkassetten, Bremen.

Rippe B (2006, 2013) Psychischer Stress, in: Rensing L. u. a. Mensch im Stress. Elsevier, München.

Rippe B (2013) Psychoanalytische Zitate. BoD, Norderstedt.

Rippe B (2018) Die Geschichte der Schaukel. Über traumatherapeutische Interventionen am Beispiel eines älteren Patienten, der kurz nach Kriegsende geboren wurde. Echtklang Audio, Hamburg.

Strauß B (1977, 1996) Die Widmung. Hauser, München/Wien.

2. Stress und Gefühle aus psychotherapeutischer und psychoanalytischer Perspektive – ein Projekt mit Text und Fotomarkierung

Einleitung

In einigen Beiträgen zum Thema Gefühle habe ich versucht, Texte und andere Medien (Musik, Fotografie) zu kombinieren, um emotionale Bewegungen und Differenzierungen in der Gefühlsverarbeitung zu erweitern. Ausgangspunkt war das häufige Argument, dass es sehr schwierig ist, Gefühle treffend zu erfassen oder überhaupt darüber zu sprechen und zu schreiben. Dies entspricht wohl auch überwiegend der eigenen ganz persönlichen Erfahrung.

Anders als in den bisherigen Projekten möchte ich hier die bisher gewohnte Einleitung durch drei Zitate ersetzen. In unterschiedlicher Weise bestärken sie ein interpretatives Paradigma, das jeweils eigene Wege der Veranschaulichung nutzt, ohne dabei ein festes Ergebnis zu erwarten.

ORTHEIL (2013, S. 2) beschreibt die kontinuierliche und sehr bereichernde Arbeit mit Notizen und Fotografien, die er zu verschiedenen Themen sammelt: „Notate streifen und berühren daher die Oberfläche des Unbewussten, sie folgen geheimen Strukturen und bilden mit der Zeit einen großen Fundus."

SCHAAL (2000) schreibt über improvisierte Fotografie: „Improvisieren heißt, ohne vorgefassten ästhetischen Entwurf an eine Sache herangehen, ohne einen Gedanken an höheren Ausdruck, ohne eine sichere Vorstellung vom Ergebnis."

FREUD (1915, S. 270) schließt sich der Erkenntnistheorie Kants an: „Wie Kant uns gewarnt hat, die subjektive Bedingtheit unserer Wahrnehmung nicht zu übersehen und unsere Wahrnehmung nicht für identisch mit dem unerkennbaren Wahrgenommenen zu halten, so mahnt die Psychoanalyse, die Bewusstseinswahrnehmung nicht an die Stelle des unbewussten psychischen Vorganges zu setzen, welcher ihr Objekt ist."

In diesem Sinne versuche ich nun einige Fragen zum Thema Stress und Gefühle in Bewegung zu bringen. Die dabei genutzte Bilderauswahl soll ein Thema in Abweichungen darstellen, auch durch Wiederholungen, Größenveränderungen und räumliche Verschiebungen. So wird einerseits etwas Vertrautes hergestellt, das wiederum sich trotzdem verändern kann und eine neue Bewegung einleitet. Auch die Rückkehr zum Vertrauten ist möglich.

1. Stress in drei Schwerpunkten

1.1. Was ist Stress ?

Stress ist kein zentrales psychoanalytisches Thema. Stress ist ein Modewort, hat eigentlich keine präzise Bedeutung und ist trotzdem ein Diskussionspunkt in vielen Büchern und Zeitschriften. Stress kann manchmal gut und angenehm sein, dann wiederum riskant und krankheitsnah. Die Beschäftigung mit dem Thema „Stress" kann ausgesprochen stressig sein, aber das gilt auch für das Thema „Gefühle". Es gibt keine umfassende psychologische Theorie, ebenfalls nicht für die psychoanalytischen Gefühlskonzepte. Also ein guter Grund, mit den kleinen, aber erreichbaren Bausteinen zu beginnen.

Verschiedene Stressoren (biologisch, chemisch, physikalisch, psychosozial) belasten das Individuum und können eine Stressreaktion auslösen. Der Stressor wird von unserem Sensorium aufgenommen, vom Zentralnervensystem als Stressor erkannt, das limbische System reagiert. Ein Gefühl der Bedrohung entsteht. Gerald HÜTHER (z. B. 2006) und viele andere sagen dazu: Egal ob es ein kurzer Stress ist oder ein sich chronifizierender, das Ausgangsgefühl ist immer Angst. Dieses Gefühl mischt sich – je nach Erfolgschance der Stressbewältigung – mit anderen Gefühlen, z. B. mit Ärger-Wut oder auch mit Hilflosigkeit. Dabei werden Stresshormone ausgeschüttet und die körperlichen Systeme verbrauchen Energie. Starker, pausenloser Stress, der nicht abgearbeitet werden kann, führt zu Erschöpfungssyndromen, auf der psychischen Ebene verstärken sich die Depressionen, auf der körperlichen wird das Immunsystem geschädigt.

Bei dem Versuch einer Klärung dieser Zusammenhänge ist eine wichtige Position, zwischen zwei Ebenen zu unterscheiden, der objektiven und der subjektiven Einschätzung.

Ich beginne mit der objektiven Ebene. Auf dieser Ebene wird gemessen, in irgendeiner Weise, z. B. mit einem Blutdruckmessgerät, mit Messparametern über den Zustand von Zellen, mit Fragebögen, in denen zahlenmäßig erfasst werden kann, wie stark jemand gestresst ist. Objektiv gesichert ist für die Psychoanalyse auch die Bedeutung der frühen Kindheit für die weitere Entwicklung, wie sie z. B. in der empirischen Säuglings- und Kleinkindforschung bestätigt wird. Dies ist ein Basiskonzept der Psychoanalyse: Die Stabilität einer Persönlichkeitsstruktur (die Stabilität des Selbst) ist zentral abhängig von den Erfahrungen der frühen Kindheit.

In den weiteren Entwicklungsschritten muss sich die hier erworbene Selbststärke immer wieder neuen Herausforderungen stellen (in der Adoleszenz, der Berufswahl, bei der Familiengründung, in Beziehungskrisen, bei Krankheiten, dem Älterwerden usf.). Bringt ein Kind viel Kompetenz mit, können auch schwerere Belastungen bewältigt werden. Ist die Basis nur wenig tragfähig, reichen kleinere Krisen aus, um das Selbst in Not zu bringen.

Die empirische Risikoforschung hat die belastenden Faktoren der frühen Kindheit nachdrücklich belegt. Weit vorne liegen die emotionale Vernachlässigung durch die Eltern, schwere psychische und körperliche Erkrankungen der Eltern, chronische Disharmonie in der Familie, Gewalt, sexueller Missbrauch. Die Risikofaktoren können durch kompensatorische Schutzfaktoren gemildert werden. Dazu gehören z. B. ein gutes Ersatzmilieu, ein robustes und kontaktfreudiges Temperament, soziale Förderung durch Jugendgruppe und Schule, Erfahrungen eigener Selbstwirksamkeit.

Die zweite Ebene der Stressinterpretation stellt das subjektive Erleben in den Vordergrund. Drei Merkmalsebenen lassen sich unterscheiden: die körperliche, die psychische und die soziale Ebene. Ich nenne jeweils einige Merkmale.
Die körperliche Verarbeitung: z. B. muskuläre Verspannungen, Spannungsschmerzen, Steigerung der Pulsfrequenz, Schwitzen, Übelkeit, Magenschmerzen, Schwindelgefühle.
Die psychische Verarbeitung: z. B. Müdigkeit, Gereiztheit, Angst, Hilflosigkeit.
Die soziale Verarbeitung: z. B. Feindseligkeit, Unsicherheit, Rückzug.

Wahrnehmbar ist häufig auch eine körperlich-psychisch-soziale Reihenfolge: zuerst die Störung der körperlichen Befindlichkeit, dann die psychische Überlagerung, und schließlich die Veränderungen im sozialen Verhalten.

Wenn wir in der Lage sind, ein Stresssymptom zu identifizieren, folgt in der Regel die Frage nach dem Auslöser – dem Stressor. Im Allgemeinen werden fünf Typen von Stressoren unterschieden (zusammengestellt von Bamberger (2007) in seinem Buch *Stressintelligenz*).

1. einschneidende Ereignisse wie Trennungen, Krankheiten wichtiger Beziehungspersonen, Arbeitslosigkeit, Opfer von Gewalt
2. private Probleme wie Beziehungskrisen, Schulden, Einsamkeit
3. berufliche Probleme wie hohe Arbeitsbelastung, Mobbing, Multitasking, Nachtdienste
4. körperliche Probleme wie schwere Krankheiten, sexuelle Probleme, Störungen des Körper-Selbst
5. stressende Gedanken und Gefühle wie Versagensängste, Neid, Ehrgeiz, Trauer, Schuldgefühle

Jetzt zum dritten Abschnitt: Wie kann ich Stress reduzieren – aus der psychoanalytischen Perspektive?

Zunächst fachübergreifend weist Bamberger (2007) auf die drei großen Ms der Stressintelligenz hin:
Das 1. M ist die Medizinische Prävention – z. B. Bewegung, Sport, Ernährung, nicht Rauchen usf.
Das 2. M ist die Mentale Stärke – z. B. Entspannung, Gelassenheit, Arbeit an der Selbststabilität.
Das 3. M ist das Management der Stressoren – Prioritäten setzen, Ballast abwerfen, stressintelligente Zeiteinteilung.

Die Möglichkeiten der Psychoanalyse beziehen sich im Wesentlichen auf den Punkt 2 – Mentale Stärke. Dabei setzt die Psychoanalyse auf die Selbstwahrnehmung und ihre Vertiefung. Gelingt diese innere Arbeit, kann häufig eine Stressentlastung und Beruhigung erreicht werden.
Im Mittelpunkt dabei stehen die Gefühle. Dazu hat die Psychoanalyse einiges zu sagen, obwohl auch sie keine umfassende Theorie der Gefühle vorlegen kann.

Ich stelle Ihnen jetzt nacheinander einige Überlegungen und Hilfen der psychoanalytischen Erfahrungen vor.

Frage 1: Was wissen wir über Gefühle – außer dass wir sie ständig haben, sie aber nicht genau zu beschreiben sind?

Gefühle bzw. Emotionen (lat. *emovere*) meinen etwas wie „aufwühlen" oder „heraustreiben", etwas, das einen Unterschied ausmacht zum Denken. Nähere Definitionen fallen schwer.

Gefühle hat man, und wenn man sie näher erfassen will, wird man leicht ratlos und ärgerlich, weil die sprachlichen Möglichkeiten nicht ausreichen. Deshalb schlägt Gerd Rudolf (2004) vor, vielleicht sei es besser, die Philosophen um Rat zu fragen. Stellvertretend zitiert er H. Schmitz aus dem Jahr 2000, der Folgendes sagt:

„Gefühle sind räumliche, ortlos ergossene, leiblich ergreifende Atmosphären, vergleichbar dem Wetter und der reißenden Schwere, wenn man ausgeglitten ist und entweder schon stürzt oder sich gerade noch fängt: also solchen in den spürbaren Leib eingreifenden Mächten, die nicht selbst leibliche Regungen sind, aber nur am eigenen Leib, wenn auch manchmal als Widersacher gespürt werden. Ebenso werden Gefühle nur im eigenen leiblichen Spüren als ergreifende Mächte wirksam, aber allerdings kann man sie als Atmosphären darüber hinaus oft auch in der Umgebung wahrnehmen."

Über diese Beschreibung kann man lange nachdenken. Sachlicher ist die folgende Kennzeichnung, die lediglich die Ebenen ausmacht, auf denen Gefühle sich äußern.

1. Bewusste Eigenwahrnehmung von psychischem und körperlichem Erleben
2. Aktivierung der Mimik, die von anderen als Emotionsausdruck wahrgenommen wird
3. Aktivierung von Gestik und Körperhaltung
4. Aktivierung motorischer Handlungsbereitschaften (z. B. abwehren, festhalten)
5. Physiologische Aktivierung
6. Psychophysiologische Abläufe und ihre Wahrnehmung (Herzklopfen, Schwindel)
7. Sprachliche Benennung der psychisch und körperlich erlebten Emotionen.

Frage 2: Trotz dieser Unschärfen haben die Gefühle eine ganz hohe anerkannte Bedeutung. Warum?

Ein Leben ohne Gefühle ist für uns gar nicht vorstellbar.
Außerdem gibt es gute modellhafte Überlegungen, die viele Zusammenhänge erfassen können, nur nicht die Realität des persönlichen Erlebens. Denken Sie z. B. an ein emotionales Muster wie „Enttäuschung“. Der eine würde vielleicht das „Traurig-Sein“ im Vordergrund sehen, der andere den Ärger. Ein Dritter könnte auf den schnellen Wechsel der Gefühle verweisen.

Aber es gibt auch die Möglichkeit des „zu viel“ oder „zu wenig“. Jemand kann sich überschwemmt fühlen und diffus ausgeliefert, oder auch nur leer und spannungslos. Beides hat eine hohe Stressrelevanz. Gelingt es, diese Blockierungen und unzureichenden Differenzierungen zu bewegen, kommt es zu einer besseren Stressverarbeitung.

Frage 3: Welche zentralen Konzepte gibt es in der Emotionspsychologie in der Nähe der Psychoanalyse?

Die emotionspsychologischen Konzepte wohl aller Therapierichtungen gehen davon aus, dass in der kindlichen Entwicklung eine gewisse Spontaneität der zentralen Gefühle geäußert werden kann und eine Kompromissbildung mit den elterlichen Haltungen und Normen entsteht. Kommt es zu einem Defizit der Differenzierung und Regulierung und einer Einschränkung der Transformation entwickeln sich Stress und Symptome.
Die Anzahl der Grundgefühle ist leicht unterschiedlich. Zumeist werden Angst, Freude, Trauer und Wut als primär genannt, Scham und Schuld sind sekundäre Gefühle, weil sich erste Strukturen des Überichs bzw. Ichideals gebildet haben müssen.

Einige zentrale Begriffe sind:

Adaptive Gefühle – gemeint sind alle subjektiv und objektiv passenden Gefühle, wenn sie im Fluss sind, sich bewegen, sich verändern, sich anpassen können.

Maladaptive Gefühle – sind alle depressiogenen Gefühle, die einen Zustand als unabänderlich und untröstlich festschreiben (hoffnungslos, chronisch verzweifelt usw.).

In der klinischen Perspektive werden die Begriffe primär und sekundär manchmal anders verwandt als im vorausgegangenen Abschnitt. Primäre Gefühle (an der Basis jeder psychischen Erkrankung) sind z. B. hilflose Wut, Schamgefühle ohne Ende, stabiles Unwertgefühl. Sie werden überlagert von den sogenannten sekundären Gefühlen, die die primären schützend und isolierend bewahren sollen – dem bewussten Zugriff entzogen, weil sie zu schmerzhaft und beschämend sind.
Dieser Aspekt ist sehr wichtig für die psychotherapeutische Praxis. Folgende Punkte sind zu beachten:

Die sekundären Gefühle – also die Gefühle, die das Schlimmste einhüllen – müssen akzeptiert werden in ihrer Schutzfunktion.
Die therapeutische Arbeit beginnt deshalb immer bei den sekundären Gefühlen.
Sind diese dann besser akzeptiert, wird schrittweise und taktvoll-vorsichtig versucht, einige primäre Gefühle zu erreichen.

Insgesamt besteht Einigkeit darüber, dass die Selbstwahrnehmung auf vielen Wegen verbessert werden kann und dass dieser Lernvorgang zur Selbststabilität beiträgt.

Als Grundlage für die Klassifizierung der therapierelevantesten Gefühle nennt Krause (2002, S. 120–126) die folgenden Affekte:

Ekel – taucht bereits im ersten Lebensmonat auf. Stichwort: Die Beziehung ist giftig.

Verachtung – die Emotion der Unterdrückten. Kein offener Ärger.

Wut – Zielbehinderung durch ein Objekt, das nicht überlegen ist.

Trauer – soll die Wiederkehr eines abwesenden guten Objektes veranlassen.

Angst – signalisiert eine möglicherweise gefährliche Konstellation.

Freude – ein zentraler Affekt des Eros und der Bindung.

Nach der Entwicklung der Strukturen Ich-Ideal und Über-Ich differenzieren sich in der Übersicht von Krause die strukturellen Affekte Scham, Schuld, Stolz und Erhebung.
Scham und Erhebung (Vulnerabilität und Grandiosität) sind die beiden zentralen Pole des gestörten Selbstwerterlebens. Das ständige Bemühen um eine ausreichende Balance kann eine stressintensive innere Arbeit abfordern (z. B. die Beschämung zu begrenzen oder die Grandiosität attraktiv darzustellen).

Frage 4: Welche Gefühle bei Stress sind in erster Linie zu beachten?

Bereits erwähnt wurde Gerald Hüther. Er sagt kurz und präzise: Unabhängig davon, ob es sich um einen kurzen Stress oder um einen sich chronifizierenden handelt, das Anfangsgefühl ist immer Angst.

Die psychoanalytischen Angstkonzepte sind:

1. Die Trennungsangst
Hinweise auf Verlassenheit, Einsamkeit, Verstoßung, Verlust von Zuwendung, Liebe und Liebesobjekt

2. Die Kastrationsangst
Hinweise auf Verletzung, physische Beschädigung, Bedrohung der Potenz und des Könnens

3. Die Schuldangst
Hinweise auf Kritik, Verurteilung, Verdammung, Bedrohung durch Schuldgefühle

4. Die Beschämungsangst
Hinweise auf Lächerlichkeit, Kränkung, Scham, Erniedrigung.

5. Die Todesangst
Neben der existentiellen Komponente Hinweise auf Bedrohung und Vernichtung. Häufig eine Variante der Trennungsangst und der Zerstörung des Selbst durch das Schuldgefühl

6. Die diffuse Angst
Hinweise auf Überschwemmung durch frei flottierende, nicht näher gebundene Angst

Die psychoanalytische Interpretation geht davon aus, dass die erlebte Angst symbolisch eine innerpsychische Angst darstellen kann, die dem Betroffenen nicht bewusst ist. Liegt eine solche Störung vor, kann eine tiefenpsychologisch fundierte oder analytische Psychotherapie helfen. Gibt es allerdings neben den unbewussten Konfliktanteilen auch ahnungsbewusste Teilaspekte, ist die Tür offen für eine eigene Erforschung des Innenlebens und für ein Selbstmanagement der Angst. Dabei ist zu beachten, dass die aktuell erlebten Angstgefühle die Ängste triggern, die zum Kernselbst der Persönlichkeit gehören (z. B. „Ich muss immer Angst haben, dass man mich abschiebt und vergisst" oder „Ich habe Angst, dass jeder sofort meine Fehler sieht"). Das Entdecken dieser basalen emotionalen Schemata ist nicht nur schmerzhaft, sondern bietet Ansatzpunkte für eine innere Auseinandersetzung.

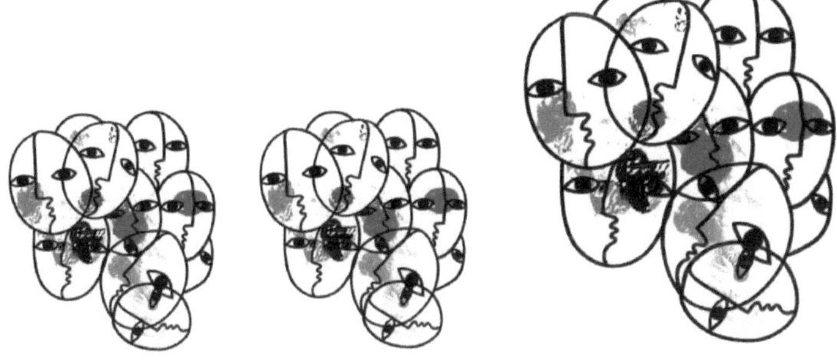

Frage 5: Ist der Schwerpunkt Angst, oder sind nicht häufig verschiedene Gefühle miteinander verbunden oder vermischt? Gibt es typische Muster?

Verschiedene Wechselbeziehungen lassen sich beobachten: z. B. Angst und Trauer bei einem drohenden Beziehungsverlust. Angst und Zorn bei den Vorwürfen eines Verlassenen, Trauer-Angst-Zorn bei verlassenen Kindern (auf diese Verbindung ist besonders Bowlby eingegangen).

Ein bekanntes affektives Muster ist die „Enttäuschung", sie wurde bereits kurz erwähnt. Gerd Rudolf (1997) fasst die verschiedenen Teilaspekte zusammen:

1. Trauer und Schmerz über eine zerstörte Hoffnung
2. Kränkung des Selbstwertes durch das Enttäuschungserlebnis
3. Unterschwelliger Ärger nach außen und nach innen
4. Gefühl der Ohnmacht und der Hilflosigkeit
5. Scham über die eigene, sichtbar gewordene Schwäche

Diese Enttäuschung über die eigene Person ist besonders stressintensiv. Wichtig ist es, einen möglichst akzeptierenden Zugang zur persönlichen „Ist-Sollte-Bilanz" zu finden. Die Sollte-Seite enthält viele Wünsche an sich selbst und die Umwelt, die aber häufig wenig oder gar nicht erreichbar sind. Wünsche zu haben ist eigentlich nicht schlimm, sie können Teil einer lebendigen Wunschwelt sein. Erst durch die Enttäuschung, die manchmal eine rigide Selbstverurteilung ist, entsteht der innere Stress der Selbstschädigung.

Frage 6: Welche Rolle spielen die Aggressionen (Ärger-Wut-Zorn)?

Diese Gefühle haben als einzige Gefühlsgruppe eine doppelte Gerichtetheit – defensiv und offensiv. Ärger hat ein Energiepotenzial und ist Motor für eine Veränderung. Vielleicht lässt sich dieser Anteil entdecken – irgendwo zwischen Angst und Wut – und für eine Initiative nutzen.

Ärger entsteht, wenn das Selbstwertgefühl beschädigt wird. Die dann entstehende Aggression führt zu verschiedenen Ausdrucksformen, z. B. zur sprachlichen Mitteilung, zum Handeln oder zum Deponieren im Körper. Die doppelte Gerichtetheit ist verbunden mit dem Weggehen in der Abneigung und dem Zugehen in der Veränderungsabsicht.

Beide Wege (hin und weg) sind möglich oder auch das Abschalten der Gefühle.

Die Extreme von „Explosion“ und „Hemmung“ gelten als hohe Risikofaktoren auch für körperliche Symptome. Eine Zielvorstellung ist der mittlere Emotionspegel.

Überwiegend sind angemessene Schuldgefühle und Wiedergutmachung differenzierte Lösungsmöglichkeiten. Sie können aber auch zu intensiv sein und die Wahrnehmung des Ärgers schwächen. Dann wäre die Verbesserung der Ärgerakzeptanz die Aufgabe.

Manchmal bedeuten Ärger und Wut ein intensives Rufen nach Nähe. Die Angst vor dem Misslingen dieser Wünsche wird dann verdeckt. Diese Gefühle können sich schnell wechselnd und in unterschiedlicher Stärke melden. So gut wie möglich wahrzunehmen bleibt die wichtigste Zielvorstellung.

Literatur

Bamberger C (2007) Stressintelligenz. Knaur, München

Fotos von shutterstock in der Reihenfolge: Vitalii Vodolarzskyi, Cartoon Resource, Andrii Orlov, andrey_I, Karuka, pathdoc, Sabphoto, Kamenetskiy Konstantin, nasirkhan.

Freud S (1915) Das Unbewusste. GW X: 263-303.

Hüther G (2006) Die Macht der inneren Bilder. Wie Visionen das Gehirn des Menschen und die Welt verändern. Vandenhoeck u. Ruprecht, Göttingen.

Krause R (2002) Affekte und Gefühle aus psychoanalytischer Sicht. Psychotherapie im Dialog, Georg Thieme Verlag, Stuttgart.

Ortheil H-J (2004) Die weißen Inseln der Zeit. btb Verlag, München.

Rensing L, Koch M, Rippe B, Rippe V (2005, 2013) Mensch im Stress. Psyche, Körper, Moleküle. Elsevier Spektrum, München.

Rippe B (2016) SPRACHE BILD SPRACHE. BoD, Norderstedt.

Rudolf G (1997) Enttäuschung – ein affektives Muster und seine klinische Bedeutung. Psychosomatische Medizin, Göttingen.

Rudolf G (2004) Strukturbezogene Psychotherapie. Leitfaden zur psychodynamischen Therapie struktureller Störungen. Schattauer, Stuttgart.

Schaal H-J (2000) in: Schmitt K-H (2000) Pieces of jazz in black and colour. Nieswand Verlag, Kiel

Schmitz H (2000) Die Verwaltung der Gefühle in Theorie, Macht und Fantasie. In: Benthien C, Fleig A. Kasten I (Hrsg.) Emotionalität: Zur Geschichte der Gefühle. Böhlhaus, Weimar, Wien.

3. Dem Schmerz eine Stimme geben

Psychotherapie – Psychoanalyse – Bilder

Einleitung

Manchmal wird Schmerz als menschliches Grundgefühl bezeichnet. Häufiger ist allerdings die Platzierung als Teilaspekt einer anderen Dimension (z. B. Angst oder Trauer). Die große Bedeutung ist dadurch nicht geschmälert, trotz der Komplexität, die viele Blickrichtungen umfasst. Hier wird jetzt versucht, einige Texte mit Bildern zu assoziieren. Vielleicht sind Anregungen für Sie dabei.

Als Modell zur Beschreibung der Gefühle und ihrer Blockaden nutzt z. B. Röhr (2003, S. 170-178) Gefühlsbäume, die von der Wurzel einer Gefühlsenergie ausgehen.

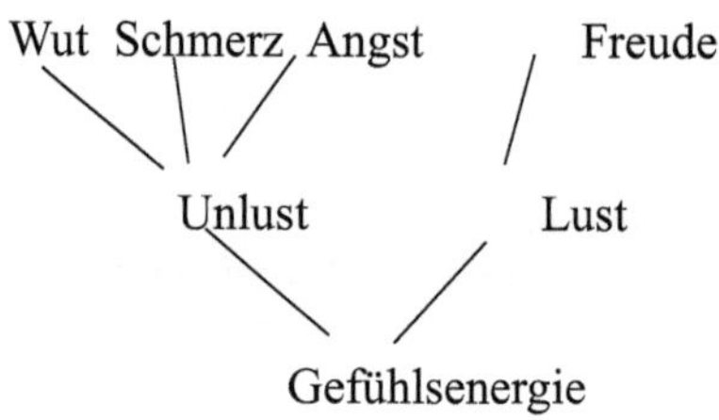

Die vier Grundgefühle (Wut, Schmerz, Angst, Freude) differenzieren sich dann in weiteren Ästen.

TESARZ et al. (2015, S.12) schreiben in ihrer Einführung zum Thema Schmerz:

„Inzwischen weiß man durch die neueren Erkenntnisse aus der Hirnforschung, dass psychische Traumata und körperliche Schmerzen auch auf neurobiologischer Ebene viele Gemeinsamkeiten besitzen. Durch funktionell-hirnbildgebende Untersuchungen konnte gezeigt werden, dass das menschliche Gehirn den durch Ausgrenzung und Demütigung hervorgerufenen seelischen Schmerz genauso wahrnimmt wie absichtlich zugefügten körperlichen Schmerz (Eisenberger 2012). Körperliche und seelische Schmerzen werden z. T. in den gleichen Regionen des Gehirns verarbeitet. Körperlicher Schmerz besitzt neben der rein sensorischen Erfahrung des Schmerzes in der Regel auch eine ausgeprägte emotionale Dimension, die bestimmt wie schlimm oder quälend das Gehirn den Schmerz wahrnimmt."

Emotionspsychologische Differenzierungen gab es bereits in der frühen Psychoanalyse. JORDT (1988) fasst wesentliche Schwerpunkte zusammen , ein Ausschnitt auf S. 62f :

„In der von mir bereits zitierten Arbeit Hemmung, Symptom und Angst (1926) widmet Freud einen Nachtrag zum Thema „Angst, Schmerz und Trauer“. Er schreibt (S. 202): „Wir mußten sagen, die Angst werde zur Reaktion auf die Gefahr des Objektverlusts. Nun kennen wir bereits eine solche Reaktion auf den Objektverlust, es ist die Trauer“. An der Trauer, so führt er weiter aus, „blieb ein Zug völlig unverstanden, ihre besondere Schmerzlichkeit. Daß die Trennung vom Objekt schmerzlich ist, erscheint uns selbstverständlich. Also kompliziert sich das Problem weiter: Wann macht die Trennung vom Objekt Angst, wann Trauer und wann vielleicht Schmerz?“

Freud sieht kaum Aussicht, dieses Problem zu lösen. Er favorisiert die Verbindung des Schmerzes zu einer „sehnsüchtig“ besetzten Beziehung, die mit einer „traumatischen Erfahrung“ verbunden ist.

JORDT (S.63) bestätigt weiterhin seine Übereinstimmung mit FEDERN (1929) in der Wertschätzung des Realitätsprinzips und damit der Fähigkeit, Enttäuschungen und Schmerzen in das Gefühlsleben zu integrieren und nicht den „leichten Ausweg" als bestimmende Technik einzusetzen.

Interessant ist ebenfalls, dass FEDERN glaubt, dass Teile des Schmerzes durch verschiedene Stimmungslagen ersetzt werden. Er benennt u. a. Verstimmung, Trübsinn und Kummer als normale Bewältigung von Schmerz und Trauer. Auch das Unglücklichsein taucht auf als ein partieller Ersatz des Schmerzes.

GREENBERG (2006, S.189) schreibt über die besondere Bedeutung des Schmerzes:

„Schmerz entsteht, wenn das Selbst traumatisiert wird. Schmerz als solcher ist daher eine adaptive Emotion, die einem mitteilt, dass man auf irgendeine Weise Schaden erlitten hat. Er unterscheidet sich jedoch von anderen primären Emotionen, die Menschen auf Handlungen vorbereiten, um einen möglichen Schaden zu verhindern. Der Schmerz ist nicht auf die Zukunft bezogen. Furcht z. B. warnt uns vor einer drohenden Gefahr. Wut bereitet uns auf einen Angriff vor. Im Gegensatz dazu entsteht der Schmerz erst nach dem Ereignis, er bereitet uns nicht vor. Er teilt uns mit, dass etwas Schreckliches passiert ist und dass wir dies besser nicht noch einmal tun sollten, wenn wir uns nicht völlig am Boden zerstört fühlen wollen. Daher handelt es sich beim Schmerz um eine einzigartige adaptive Emotion."

Greenberg fasst Forschungsergebnisse zusammen, in denen das Schmerzerleben unter der Metapher eines zerstörten Körpers beschrieben wird. Als Beispiele nennt er „zerbrochen fühlen, in Stücke gerissen, blutend zurückbleiben oder in 1000 Stücke zersprungen". Der Fokus geht häufig in das Innere des Körpers. Diese einzigartige Er-
Fahrung körperlichen Leids betrifft das ganze Selbst. Sie tritt besonders dann auf, wenn man sich zu machtlos fühlt, um ein Trauma zu vermeiden.

Literatur

Bilder von unsplash.com in der Reihenfolge: infinity loops, andre hunter, andrik langfield, bermix studio, Ian.

Greenberg L (2006) Emotionsfokussierte Therapie. Dgvt-Verlag, Tübingen.

Jordt H (1988) Der Schmerz – ein Affekt in seiner Bedeutung bei 3 Krankheitsbildern (Sucht, Masochismus, Depression). In: Gattig E u. Zepf S (Hrsg.) (1988) Selbstverständigungen. Aus der Werkstatt der Psychoanalyse. Springer-Verlag, Berlin und Heidelberg.

Röhr HP (2003) Narzißmus – Das innere Gefängnis. Walter Verlag, Zürich und Düsseldorf.

Tesarz J, Seidler GH u. Eich W (2015) Schmerzen behandeln mit EMDR. Klett-Cotta, Stuttgart.

4. Über die Trauer --- verschiedene Aspekte in Sprache und Bildern

Einleitung

Der entscheidende emotionale Inhalt der Trauer ist der Verlust. Er bezieht sich auf etwas emotional Wichtiges oder etwas, das in der Vergangenheit gebraucht worden wäre, aber nicht eingetreten ist. Wird das Gefühl der Trauer aufmerksam beobachtet wird häufig ein „zu viel“, manchmal jedoch auch ein „zu wenig“ festgestellt. Die bessere Wahrnehmung der Trauer und ihr konturierteres Verständnis wird als wichtiger Baustein der Selbstregulierung eingeschätzt und ist auch ein zentraler Schwerpunkt mancher Psychotherapie.

In diesem vorliegenden Projekt werden Fotoassoziationen genutzt, um zu einer Differenzierung und Vertiefung der Gefühlswahrnehmung beizutragen. Ich wünsche Ihnen manche Anregung für die durch Fotos möglichen „größeren Bilder“ und Geschichten zur Trauer.

Themen

1. Inhalte der Trauer
2. Die achtsame Wahrnehmung der Trauer
3. Trauer in der Gruppe der Unbehagensemotionen
4. Trauer und Schmerz
5. Trauer und existentielle Angst
6. Enttäuschung
7. Normale und komplizierte Trauer

Inhalte der Trauer

Bei einem Verlust, der zur Trauer führt, kann es sich um ganz unterschiedliche Aspekte handeln. Sachse und Langens (2014, S.52f) unterscheiden:

- Partnerverlust durch Trennung oder Tod
- wichtige Gegenstände verlieren durch eigenes Verschulden, Dieb-stahl usw.
- einen bedeutungsvollen Job verlieren
- eigene Fähigkeiten verlieren durch Unfall, Krankheit usw.
- Anerkennung und Achtung verlieren
- sich von wichtigen Zielen verabschieden müssen
- auch das Nichtbekommenhaben in der Vergangenheit kann - wie das Verlieren - Verlust und damit Trauer auslösen

Abbildung 1: Einer, der so ist wie ich, das wäre schön!

2. Die achtsame Wahrnehmung der Trauer

Auf das subjektive „zu viel“ oder „zu wenig“ wurde in der Einleitung bereits hingewiesen. Grundsätzlich geht es um das „zulassen“ können, das nicht unterdrücken, die wertfreie Annahme und Akzeptanz. Auf dieser Grundlage kann ein besseres Verständnis von Ursachen und Auslösern möglich sein. Auch die automatischen Gedanken, Schemata und Handlungsimpulse sind differenzierbar (Fasbender 2014, S.151).

Abbildung 2: Eifersucht verteidigt die Bindung.

3. Trauer in der Gruppe der Unbehagensemotionen

Trauer als Begriff geht davon aus, daß im einzelnen Sprachgebrauch dieses Gefühl in einer Emotionsgruppe (meist Unbehagen) subsumiert wird. Dazu zählen Gefühle wie Kummer, Leere, Einsamkeit, Niedergeschlagenheit und manchmal auch Scham und Schuld (z.B. Wosch 2002, S.38). Auch auf gemeinsame Kategorien von Emotionen wird verwiesen, wie z.B. gleichzeitig Wut und Trauer (siehe auch Punkt 6).

Abbildung 3: Alter, Einsamkeit und Träume

4. Trauer und Schmerz

Freud schreibt (1926, S.202): „Wir mussten sagen, die Angst werde zur Reaktion auf die Gefahr des Objektverlusts. Nun kennen wir bereits eine solche Reaktion auf den Objektverlust, es ist die Trauer". An der Trauer, so führt er weiter aus, „blieb ein Zug völlig unverstanden, ihre besondere Schmerzlichkeit. Daß die Trennung vom Objekt schmerzlich ist, erscheint uns selbstverständlich. Also kompliziert sich das Problem weiter: Wann macht die Trennung vom Objekt Angst, wann Trauer und wann vielleicht Schmerz ?" Freud sieht kaum Aussicht, dieses Problem zu lösen.

Abbildung 4: Sehnsuchtsvoll und traumatisiert

5. Trauer und existentielle Angst

Yalom (z.B. 1989) nennt insgesamt vier existentielle Ängste (Tod, Freiheit. Isolation,Sinnlosigkeit). Auf die Isolation bezogen sagt er:

Jeder von uns betritt seine Existenz allein und muss sie auch allein wieder verlassen. Diese Bewusstheit der absoluten Isolation trifft auf den Wunsch, Teil von etwas Größerem zu sein.

Abbildung 5: Dem Meer ist es egal, daß alle von Bord gegangen sind.

6. Enttäuschung

Enttäuschung ist ein gut bekanntes komplexes Gefühl. Rudolf (1997) unterscheidet zwischen fünf Anteilen.

- Vordergründig Trauer und Schmerz über eine zerstörte Hoffnung
- Kränkung des Selbstwertes
- Unterschwelliger Ärger auf die Situation, das enttäuschende Objekt und sich selbst
- Ohnmacht und Hilflosigkeit
- Scham über die eigene Insuffizienz

7. Normale und komplizierte Trauer

Als „ normal" gilt ein Prozess, der sich langsam auf ein Abschiednehmen zubewegt. Komplizierte Trauer bedeutet nach Sachse und Fasbender (2014), daß die Verlustbewältigung durch besondere Faktoren erschwert ist.

Beispiele sind:

- Abschotten gegenüber Gefühlen, die als starke Bedrohung empfunden werden
- Verklärungen und Glorifizierungen, die eine Ablösung verhindern
- Innere Konstruktionen von Schuld oder Mitschuld
- Medikamente, die zu viel an Gefühlen herunterregeln

Abbildung 6: Welchen Platz hat er innerlich, vor mir, hinter mir oder gar nicht ?

Literatur

Fasbender J (2014) Emotionen, Affekte und das Konzept der Achtsamkeit in: Sachse R und Langens T A Emotionen und Affekte in der Psychotherapie. Hogrefe, Göttingen.

Fotos von unsplash in der Reihenfolge alexa_fotos, karim-manjra, marco-lastella,

30daysreplay-marketingberatung, vusal-ibadzade-Jolie, web-agency, thomas-de-luze-WO, gabriel-E.b

Freud S (1926) Hemmung, Symptom und Angst. GW Bd 14, S. 111-205.

Rudolf G (1997) Enttäuschung – ein affektives Muster und seine klinische Bedeutung. Psychosomatische Medizin, Göttingen.

Sachse R und Langens T A (2014) Emotionen und Affekte in der Psychotherapie. Hogrefe, Göttingen.

Wosch T (2002) Emotionale Mikroprozesse musikalischer Interaktionen. Waxmann, Münster.

Yalom I D (1989) Existentielle Psychotherapie. Ed. Humanistische Psychologie, Köln.

Inhaltsverzeichnis

Printed by Books on Demand GmbH, Norderstedt / Germany